AF454826

EDICT DV ROY,

PAR LEQVEL TOVTES les Commiſſions expediées aux Commiſſaires des Guerres pour la conduite des gens de guerre, tant de cheual que de pied, ſont creées en tiltre d'offices, & vnies par vn ſeul tiltre auſdits Commiſſaires des Guerres qui ſeront appellez, Conſeillers Commiſſaires ordinaires, & Conducteurs des gens de guerre de ſa Majeſté.

Verifié en la Chambre des Comptes le 18. Decẽbre, 1624.

Sur le Roolles & Noms deſdits Commiſſaires.

A PARIS,
Par P. METTAYER, A. ESTIENE, & C. PREVOST, Imprimeurs ordinaires du Roy.
M DC. XXX.
Auec Priuilege de ſa Majeſté.

OVIS par la grace de Dieu Roy de France & de Nauarre. A tous presens & avenir, Salut. Les Roys nos predecesseurs ayans dés long temps commis & ordonné la conduitte des gens de guerre, tant de cheual que de pied, entretenus en ce Royaume, aux Commissaires de nos guerres: l'experience de nos propres armes, Nous a faict cognoistre és dernieres années combien lesdites conduites estoient necessaires, soit pour la police & l'ordre ausquels lesdits gẽs de guerre doiuẽt estre contenus, que pour en rendre le nombre complet, & empescher les abus qui s'y commettent: Nous auõs aussi tousiours continué lesdits Commissaires esdites conduites, non seulement auec les appoinctemens qu'ils auoient auparauant, mais encores auec ceux que nous leur auons augmenté diuersement, pour leur donner plus de moyen de nous y seruir fidellemẽt, auec la residence continuelle que nous leur auons tousiours expressément commandée, pour voir nosdits gens de guerre retenus en leur deuoir, au soulagement de nos subjets. Et dans la cognoissance que nous auons prise des functiõs desdits Commissaires, Ayant faict consideration du peril ausquels ils s'exposent ordinairement esdites conduites, tant en nos armées qu'ailleurs: outre les grandes despẽses qu'ils sont contraints faire pour s'y entretenir, Nous auons estimé ne les pouuoir mieux retenir dans lesdites functions, auec le soing, vigilance, assiduité & integrité qui y sont requises, tant pour le bien de nostre seruice que pour l'interest du public, qu'en erigeant lesdites Commissions des conduites de nostre Cauallerie & Infanterie en tiltre d'office formé, auec l'vnion desdites conduites à leursdits offices de Commissaires ordinaires: Et leur accordant & à ceux qui ont faculté de les resigner, la liberté de iouyr du benefice du droict Annuel, ainsi que tous nos autres Officiers, en payant la taxe qui en ſera faicte en noſtre Conſeil, de leurſdits offices & conduites conjoinctement, afin que d'oreſnauant ils ſoient aſſeurez à leurs veufues, enfans & heritiers, & qu'ils ne ſoient rendus de moindre condition que nos autres Officiers. Ce qu'ayant faict repreſenter en noſtre Conſeil, où eſtoient noſtre tres-honorée Dame & Mere, aucuns Princes de noſtre Sang, & autres Princes nos tres-chers & bien-amez Couſins, les Conneſtable & Mareſchaux de France, Officiers de noſtre Couronne, & autres grands & notables perſonnages, SÇAVOIR FAISONS, Que de l'aduis de noſtre Conſeil & de noſtre certaine ſcience, pleine puiſſance & authorité Royale, AVONS par ce preſent Edict, perpetuel & irreuocable, Creé & erigé, Creõs erigeons en tiltre d'office formé, toutes les Commiſſions cy-deuant expediées & accordées aux Commiſſaires des Guerres deſnommez aux Roolles cy-attaché ſous noſtre contreſeel, deſquelles ils ont iouy ou iouyſſent à preſent, tant pour la conduite des Compagnies de nos Cheuaux legers entretenus, que des Regimens de gens de pied, François & Suisses, estans prés de nostre personne, & autres endroits de nostre Royaume, Comme aussi toutes les conduites & residences dont aucuns de nosdits Commissaires des Guerres sont pourueuz, & pour lesquels ils tirent appoinctemens & taxations, tant és Regimens de nos Gardes Françoises & Suisses, qu'és garnisons des places frontieres de nostre Royaume, Pour d'oresnauant tenir par lesdits Commissaires lesdites conduites, conjoinctement & inseparablement par vn seul tiltre auec leursdits offices de Commissaires des Guerres: Ausquels offices nous les auons vnies & incorporées par ces presentes, & à iceux attribué & attribuons les qualitez de nos Conseillers, Commissaires ordinaires & conducteurs de nos gens de guerres, pour en iouyr & leurs successeurs esdites charges, pleinement & paisiblement, en vertu des Lettres de prouisions qui leur en seront expediées, sans qu'autres que ceux qui ont lesdites Commissions de conduites desnommez audit

Roolle, puissent estre employez en icelles conduites, sinon ceux qui à leur refus d'accepter lesdites attributions en seront pourueuz, & aux honneurs, authoritez, prerogatiues, preeminences, exemptions, franchises, libertez, taxations, droicts & priuileges, tels & semblables qu'ils en iouyssent, & qui sont attribuez à tous nos autres Officiers de la Gendarmerie, à pareils gages qu'ils ont accoustumé de receuoir pour leurs offices de Commissaires, outre ceux-cy apres declarez qui leur seront payez par forme d'augmentation de gages au lieu desdits appoinctemens pour lesdites conduites, A sçauoir, à chacun Commissaire desdites conduites de Compagnies de cheuaux legers, outre leursdits gages ordinaires & taxations de monstre, trois mil liures tournois : A chacun Commissaire de la conduite desdits Regimens, outre leursdits gages ordinaires, & taxations de monstre, à chacun mil liures : Au Commissaire, ayant la conduite du Regiment de nos Gardes Françoises, quatre mil huict cens liures : A celuy de nos gardes Suisses, pareille sõme de quatre mil huict cens liures: A celuy du second Regimēt & Compagnies de Suisses, estans en garnison à Poitiers, deux mil quatre cens liures: A deux Commissaires appointez audit Regimēt des gardes Françoises, chacun sept cens liures: A vn autre Commissaite aussi appointé audit Regiment, mil liures: Au Commissaire appointé à l'ancienne Compagnie de deux cens Suisses du Regiment de Suisses, douze cens liures: Au Commissaire appointé en la garnison de Guyenne, deux mil quatre cens liures: A ceux appointez des garnisons de Bresse & Mets, chacun doze cens liures: Et à chacun des autres Commissaires appointez és autres garnisons, chacun mil liures, que nous voulons & entendons leur estre d'oresnauant payez à chacun d'eux, & leurs successeurs ausdits offices par augmentation de gages, comme dit est, au lieu desdits appointemens, à commencer du premier iour de Ianuier dernier, Pour lesdits gages leur estre payez par les Tresoriers de l'ordinaire de nos Guerres, chacun en l'année de leur exercice, de quartier en quartier sans

ans aucun retranchement, excepté les deux Commissaires qui ont les conduites du Regiment de nos gardes Françoises & Regiment des Suisses, & ceux qui sont appointez esdits Regimens, lesquels nous voulons estre payez de leursdites augmentations de gages, par les Tresoriers de l'extraordinaire de nos guerres, qui feront le payement de la solde & entretenement desdits Regimens, ainsi qu'ils ont accoustumé, ausquels en sera baillé par chacun an le fonds par les Tresoriers de nostre Espargne, presens & à venir, chacun en l'année de leur exercice. Et ausquels offices de Commissaires des Guerres ayant lesdites conduites nouuellement vnies, Novs auons accordé la faculté de iouyr du benefice du droict Annuel, comme à tous nos autres Officiers, suyuant nostre Declaration du vingt-deuxiesme Feurier mil six cẽs vingt-vn, en payãt ledit droict, suyuant l'eualuation de leursdits offices & conduites, qui en sera faicte en nostre Conseil sans aucun prest, ny ledit droict pour la presente année seulemẽt, dequoy nous les auons dispensez, Comme aussi Nous voulons & entendo[ns] que les autres Commissaires qui n'o[nt] conduites, & toutesfois ont la facult[é] de resigner iouyssent dudit benefice, e[n] payant, comme dit est, par eux ledi[t] droict suyuant ladite éualuation : N'en-tendans neantmoins receuoir audit be-nefice d'Annuel, les Commissaires de[s] guerres qui n'ont pouuoir de resigner. Vovlons en outre que lesdits offices d[e] Commissaires desdites conduites ains[i] par nous creez venans à vacquer, pa[r] mort ou forfaicture, sans auoir payé le-dit droict Annuel, ou que la resignation ne soit admise, demeurent aussi suppri-mez. Et par ce que tous lesdits Commis-saires ayans pouuoir de resigner ne sont egaux en gages, les vns iouyssans de six cens liures au moyen du supplément qu'eux ou leurs predecesseurs ont payé & les autres de cinq cens liures seule-ment, à cause qu'ils n'ont payé ledit sup-plément : Desirant les rendre tous vni-formes en gages, comme en ce qui est de ladite qualité de nos Conseillers & Commissaires, Nous auons attribué & attribuons par ces presentes à ceux qui ont faculté de resigner, & qui ne iouyssent que de cinq cens liures de gages, cent liures d'augmentation, desquels ils seront d'oresnauant payez par les Tresoriers de l'ordinaire de nos guerres, comme de leurs gages ordinaires : Et pour cet effect il leur en sera laissé fonds, à commencer la iouyssance de ladite augmentation, du premier iour de Ianuier dernier. Et à ceste fin seront d'oresnauant tous lesdits Commissaires ayans pouuoir de resigner, employez dans vn mesme chapitre aux gages de six cens liures, le tout moyennant la finance que chacun desdits Commissaires des guerres, tant desdites conduites que ceux qui ont pouuoir de resigner, payeront en nos parties Casuelles pour lesdites attributions & augmentations selon les taxes qui en seront faictes en nostre Conseil. Et encores qu'aucunes Compagnies de Cheuaux legers, Regimens de gens de pied, & garnisons, dont lesdits Commissaires ont à present les cõduites vnies à leursdites charges par nostre present Edict, soient ou fussent cy-apres licentiées, reduites ou supprimées en tout ou partie, au moyen dequoy leursdites conduites cessent, Nosdits Commissaires ne delaisseront de iouyr des gages & augmentatiõs à eux attribués, tout ainsi que si lesdits licentiemens, reductiõs ou suppressions n'estoient arriuées: desquels gages ils seront payez par lesdits Tresoriers de l'ordinaire de nos guerres, des deniers de leurs charges, lesquels nous auons specialement affectez ausdits gages, comme charges particulieres sur nostre Taillon. Ausquels Tresoriers nous ordonnons de ce faire de quartier en quartier, sans aucun retardement: Et arriuant le restablissement desdites Compagnies de Cheuaux legers, Regimens ou appointez aux garnisons, ou que lesdites Compagnies de Caualerie fussen conuerties en compagnies de Gensdarmes, & lesdits Regimens ou garnison en Legions, Bandes ou autre sorte d'Infanterie, Lesdits Commissaires à presen pourueuz desdites Commissions ains par nous vnies ou leurs resignataires seront tenus y seruir auec mesme residence qu'ils font à present esdites conduites, quelque part qu'ils soiẽt cõmandez

Si donnons en mandement à nos amez & feaux Conseillers, les gens de nos Comptes à Paris, que cestuy nostre present Edict ils facent lire, publier & enregistrer, & le contenu en iceluy garder & obseruer selon sa forme & teneur, sans y contreuenir en quelque sorte & maniere que ce soit. Et d'autant que des presentes on pourra auoir besoin en plusieurs & diuers lieux, Nous voulons qu'aux copies d'icelles deüement collationnées par l'vn de nos amez & feaux Conseillers & Secretaires, ou faictes sous seel Royal, foy soit adioustée comme au present original, Auquel afin que ce soit chose ferme & stable à tousiours, Nous auons faict mettre nostre seel, sauf en autres choses nostre droict & l'autruy en toutes : Car tel est nostre plaisir.

Donné à Compiegne au mois de May, l'an de grace mil six cens vingt-quatre. Et de nostre regne le quatorziesme. Signé, LOVIS. Et plus bas, Par le Roy,

Le Beavclerc.

Et seellées du grand sceau de cire verte, sur lacqs de soye rouge & verte.

Et à costé, Visa. Et plus bas est encore escrit,

Leuës, publiées & registrées en la Chambre des Comptes, les deux Bureaux assemblez, Ouy & ce requerant le Procureur General du Roy, aux charges contenuës en l'Arrest de ce faict le dix-huictiesme iour de Decembre mil six cens vingt-quatre.

Signé, BOVRLON.

ESTAT DES COMMISsaires ordinaires des Guerres: Ausquels le Roy a cy-deuant faict expedier ses lettres de commission, pour les conduites des Compagnies de cheuaux legers, & regimens de gens de guerre de pied, François & Suisses residens tant ès regimens, que garnisons des places frontieres de ce Royaume.

PREMIEREMENT.

Compagnies de Cheuaux legers.

AV sieur Cottereau, Commissaire ordinaire des Guerres, pour la conduite de la Compagnie de Cheuaux legers de la garde du Roy.

Au sieur de Troussures, Commissaire ordinaire des Guerres, pour la conduite de sa Majesté, commandée par le sieur de Contenant.

Au ſieur de Baignaux, autre Commiſſaire ordinaire des Guerres, ayant la conduite de la Compagnie de Cheuaux legers de Monſieur frere du Roy, commandée par Monſieur d'Albenne.

Au ſieur Cocquet, autre Commiſſaire des Guerres, pour la conduite de la Compagnie du Colonnel general de la Caualerie legere.

Au ſieur Fleureteau, autre Commiſſaire des Guerres, pour la conduite de la Compagnie du Maiſtre de Camp de la Caualerie legere, commandée par Monſieur de la Curée.

Au ſieur de Bonſergent, autre Commiſſaire des Guerres, pour la conduite de la Compagnie de Cheuaux legers, commandée par le ſieur Deurre.

Au ſieur de Chambergeault, autre Commiſſaire des Guerres, pour la conduite de la Compagnie de Cheuaux legers, commandée par le ſieur de la Boulaye.

Au ſieur le Grand, autre Commiſſaire des Guerres, pour la conduite de la Compagnie de Cheuaux legers de la Royne,

Royne, & à present de celle commandée par le sieur de Linieres.

Au sieur de Villeneufue Bargelonne, autre Commissaire des Guerres, ayant conduite de la Compagnie de cheuaux legers, commandée par le sieur de Lorrieres.

Au sieur de Villedart, autre Commissaire ordinaire des Guerres, pour la conduite de la Compagnie de cheuaux legers du sieur de Mongon.

Au sieur de Beauregard, autre Commissaire des Guerres, pour la conduite de la Compagnie de cheuaux legers, commandée par le sieur Bligny.

Au sieur de Biton, autre Commissaire des Guerres, pour la conduite de la Compagnie de cheuaux legers, commandée par le sieur de la Borde.

Au sieur Robin de Montison, autre Commissaire des Guerres, pour la conduite de la Compagnie de cheuaux legers, commandée par le sieur Cheualier de Valançay.

Au sieur de Containuille Baron, autre Commissaire des Guerres, pour la conduite de la Compagnie de cheuaux

C

legers, commandée par le sieur de Bussy Lamet.

Au sieur Dhocquinquant, autre Commissaire des Guerres, pour la conduite de la Compagnie de cheuaux legers, commandée par le sieur de Rouuille.

Au sieur de Boisfollet, autre Commissaire des guerres, pour la conduite de la Compagnie de cheuaux legers, commandée par le sieur Montestruc.

Regimens tant François que Suisses.

Au sieur Andreas, Commissaire ordinaire des guerres, pour la conduite du Regiment des gardes Françoises de sa Majesté.

Aux sieurs de Galleteau & Vallois, autres Commissaires ordinaires des guerres appointez, pour faire residence audit Regiment des Gardes, & aydes à la conduite.

Au sieur Renard, aussi Commissaire ordinaire des guerres appointé, pour faire ladite conduite.

Au sieur de la Faye, autre Commissaire des guerres, pour la conduite du Regiment des Suisses de sadite Majesté.

Au sieur des Estangs, aussi Commissaire appointé, pour la conduite du second Regiment & Compagnie de Suisses, estant en garnison à Poictiers.

Au sieur du Fay, autre Commissaire ordinaire des guerres, pour la conduite de la Compagnie particuliere de la garde ancienne de deux cens Suisses.

Au sieur de Guymier, autre Commissaire des guerres, pour la conduite du Regiment de Picardie.

Au sieur Foubert, autre Commissaire des guerres, pour la conduite du Regiment de Champagne.

Au sieur Gasselin, autre Commissaire des guerres, pour la conduite du Regiment de Piedmont.

Au sieur de Sainct Cheron, autre Commissaire des guerres, pour la conduite du Regiment de Nauarre.

Au sieur de Goumieres Touchet, autre Commissaire des guerres, pour la conduite du Regiment de Normandie.

Au sieur de Prou, autre Commissaire des guerres, pour la conduite du Regiment de Chappes.

Au ſieur de l'Iſle, autre Commiſſaire des guerres, pour la conduite du Regiment de Vaubecourt.

Au ſieur de Billart, autre Commiſſaire des guerres, pour la conduite du Regiment de Rambures.

Au ſieur de Thierry, autre Commiſſaire des guerres, pour la conduite du Regiment de Beaumont.

Au ſieur de Foucher, autre Commiſſaire des guerres, pour la conduite du Regiment de Stiſſac.

Au ſieur Seuerat Fage, autre Commiſſaire des guerres, pour la conduite du Regiment de la Vallette.

Au ſieur de Siuienne ayant la cõduite du Regiment du ſieur Comte de Saulx.

Garniſons.

Au ſieur Des-Iardins, autre Commiſſaire ordinaire des guerres, pour faire reſidence en la garniſon de Mets.

Au ſieur de Chalart, autre Commiſſaire des guerres, pour faire reſidence és garniſons de Guyenne.

Au ſieur de Couruault, autre Commiſſaire des guerres, pour faire reſidence aux garniſons de Breſſe.

Au ſieur Zamet, autre Commiſſaire des guerres, pour faire reſidence en la garniſon de Broüage.

Au ſieur Hebert, autre Commiſſaire des guerres, pour faire reſidence en la garniſon de Calais.

Au ſieur de Guillemot autre Commiſſaire des guerres, pour faire reſidẽce en la garniſon deBlaye.

Au ſieur de Miremant, autre Commiſſaire des guerres, pour faire reſidence és garniſons de Languedoc.

Au ſieur Des-Hayes, autre Commiſſaire des guerres, pour faire reſidence és garniſons de Nauarreins.

FAICT à Compiegne, le deuxieſme iour de May, mil ſix cens vingt-quatre.

Signé, LOVIS.

Et plus bas, LE BEAVCLERC.

Regiſtré en la Chambre des Comptes, Ouy le Procureur General du Roy ſuiuant l'Arreſt de ce faict le dix-huictieſme iour de Decembre, mil ſix cens vingt-quatre.

Signé, BOVRLON.

Enſuit la teneur dudit Arreſt.

VEV par la Chambre les lettres patentes du Roy en forme d'Edict, données à Copiegne au mois de May dernier, signées Louys, & au dessous par le Roy Le Beauclerc: par lesquelles & pour les causes y contenuës, Sa Majesté a par ledit Edict creé & erigé en tiltre d'Office formé toutes les cõmissions cy-deuant expediées & accordées aux Commissaires des Guerres desnommez au roolle y attaché sous le contreseel desquels ils ont iouy ou iouyssent à present, tant par la conduite des cõpagnies de ses cheuaux legers entretenus, que des regimẽs de gens de pied, François & Suisses estans prés sa persõne, & autres endroicts de ce Royaume. Comme aussi toutes les conduites, dont aucuns desdits Cõmissaires des guerres sont pourueus, & pour lesquelles ils tirent appointements & taxatiõs, tant és regimens de ses gardes Françoises & Suisses, qu'és garnisons des places frõtieres, pour d'orenauant tenir par lesdits Commissaires lesdites conduites conioinctement & inseparablement par vn seul tiltre, auec leursdits Offices de Commissaires: Ausquels sadite Majesté les a vnies & incorporées, & à iceux attribué les qualitez de Conseillers Commissaires ordinaires, & cõducteurs de gẽs de guerre, pour en iouyr & leurs successeurs à pareils gaiges, taxations & droicts dont ils auoiēt accoustumé de iouyr & outre ceux-cy apres declarez par augmentation, à sçauoir, A chacun Commissaire desdites conduites de compagnies de cheuaux legers outre leursdits gages ordinaires, & taxations de monstre, la somme de trois mil liures: à chacun Commissaire de la conduite desdits regimens, outre lesdits gages ordinaires, & taxations de monstre, à chacun la somme de mil liures: au Commissaire ayant la conduite du regiment des gardes Françoises, quatre mil huict cens liures: à celuy de ses gardes Suisses pareille somme: à celuy du secōd regiment & compagnie Suisse estant en garnison à Poictiers, deux mil quatre cens liures: à deux Cōmissaires appointez audit regimēt des gardes Françoises, à chacun sept cens liures: à vn autre Cōmissaire aussi appointé audit regimēt, mil liures: au Commissaire de l'ancienne compagnie de deux cens Suisses dudit regiment, douze cens liures: au Commissaire appointé en la garnison de Guyenne, deux mil quatre cens liures: à ceux appointez des garnisons de Bresse & Mets, chacun douze cens liures: & à chacun des autres Cōmissaires appointés és autres garnisons, chacun mil liures. Comme plus au long le contiennent lesdites lettres: Veu aussi *ledit roolle y attaché ſouz le cõtreſeel, contenãt trois fueillets de papier eſcrits, paraphés au bas de chacun, arreſté audit Cõpiegne, le deuxieſme dudit mois de May dernier, Signé Louys, & au deſſouz Le Beauclerc. Concluſions du Procureur du Roy, & tout conſideré, LA CHAMBRE, les deux bureaux aſſemblez, a ordonné & ordõne leſdites lettres en forme d'Edict eſtre leuës, publiées & regiſtrées, enſemble le roolle deſdits Commiſſaires, ouy & ce requerant le Procureur general, ſans que leſdits Cõmiſſaires créez puiſſent pretendre autres gages, taxations, droicts, ny eſmolumens, que ceux portez par ledit Edict, pour quelque cauſe & occaſion que ce ſoit, & que les deniers qui en prouiendront, ſerõt employez aux vrgentes affaires de ſa Majeſté & non ailleurs, à la charge qu'ils ſeront tenus ſe faire receuoir, & preſter le ſerment en ladite Chambre. Faict le dix-huictieſme iour de Decembre, mil ſix cens vingt-quatre.*

Extraict des Regiſtres de la Chambre des Comptes. Signe, BOVRLON.

Collationné aux originaux, par moy Conſeiller & Secretaire du Roy.

www.ingramcontent.com/pod-product-compliance
Ingram Content Group UK Ltd.
Pitfield, Milton Keynes, MK11 3LW, UK
UKHW021043260726
13994UKWH00005B/2334

9 782329 326092